BEI GRIN MACHT SICH IHR WISSEN BEZAHLT

Bibliografische Information der Deutschen Nationalbibliothek:

Die Deutsche Bibliothek verzeichnet diese Publikation in der Deutschen National-
bibliografie; detaillierte bibliografische Daten sind im Internet über http://dnb.d-
nb.de/ abrufbar.

Impressum:

Copyright © 2016 GRIN Verlag
Druck und Bindung: Books on Demand GmbH, Norderstedt Germany
ISBN: 9783668637627

Dieses Buch bei GRIN:

https://www.grin.com/document/412674

Marlene Bromba

Gesellschafts- und Zivilisationskritik in Hermann Hesses "Der Steppenwolf" im historischen Kontext der Weimarer Republik

GRIN Verlag

GRIN - Your knowledge has value

Der GRIN Verlag publiziert seit 1998 wissenschaftliche Arbeiten von Studenten, Hochschullehrern und anderen Akademikern als eBook und gedrucktes Buch. Die Verlagswebsite www.grin.com ist die ideale Plattform zur Veröffentlichung von Hausarbeiten, Abschlussarbeiten, wissenschaftlichen Aufsätzen, Dissertationen und Fachbüchern.

Besuchen Sie uns im Internet:

http://www.grin.com/

http://www.facebook.com/grincom

http://www.twitter.com/grin_com

Facharbeit Deutsch

Marlene B.

Thema:

Gesellschafts- und Zivilisationskritik in Hermann Hesses

„Der Steppenwolf" im historischen Kontext der Weimarer Republik

Inhaltsverzeichnis

1. Einleitung

Hermann Hesse ist der deutsche Autor des 20. Jahrhunderts, der weltweit am meisten gelesen wird.

Nicht nur wegen seines literarischen Werkes, sondern auch wegen seiner moralischen Haltung gegen die Widerstände der Zeit des Nationalsozialismus ist Hermann Hesse berühmt geworden. Dafür wurde ihm 1946 der Literaturnobelpreis zugesprochen.[1]

Gesellschaftliche Kritik und die Besinnung auf die eigene Individualität, die sich gegen Autoritäten durchsetzen und behaupten muss, sind wesentliche Themen seines Werkes.

Hermann Hesses *Der Steppenwolf* erscheint 1927 in einer Zeit des gesellschaftlichen Umbruchs und einer ausgeprägten politisch-kulturellen Zerrissenheit. Er beschreibt mit stark autobiographischen Zügen den individuellen Konflikt des Protagonisten Harry Haller mit der Massenkultur, der Industriegesellschaft und der herrschenden Klasse. Dieser Protest gegen das Establishment und die Stilisierung des eigenen Ichs hin zur Selbstisolation bildeten noch die Identifikationsmuster der meist jungen Leser in den sechziger Jahren des letzten Jahrhunderts.[2]

Die Bearbeitung des von mir gewählten Themas setzt ein prinzipielles Verständnis der komplexen Zusammenhänge zwischen Politik, Kultur, Wirtschaft und Gesellschaft der zwanziger Jahre voraus. Nach einer kurzen Biographie Hermann Hesses und einer Zusammenfassung der Romanhandlung werde ich zunächst den historischen Kontext der Weimarer Republik bis zum Erscheinen des Romans beschreiben.

Bei der eigentlichen Bearbeitung des Themas habe ich unter Berücksichtigung der zentralen Motive des Originaltextes die Schwerpunkte auf die moralische und kulturelle Dekadenz des Bildungsbürgertums, den Kulturpessimismus und auf die Mahnungen gegen politische und gesellschaftliche Entwicklungen, die auf eine kriegerische Auseinandersetzung hinauslaufen können, gesetzt.

---

[1] Georg Patzer: Lektürenschlüssel Hermann Hesse Der Steppenwolf, Verlag Philipp Reclam jun., Stuttgart, 2007 S. 77

[2] Georg Patzer: Lektürenschlüssel Hermann Hesse Der Steppenwolf, Verlag Philipp Reclam jun., Stuttgart, 2007 S. 86

In einer abschließenden Betrachtung möchte ich herausarbeiten, welche Schlussfolgerungen man meines Erachtens nach aus dem Leitgedanken des Romans und der darin enthaltene Kritik für die Gegenwart ziehen kann.

Dieser Aspekt zusammen mit meinem geschichtlichen Interesse war für mich ein wesentlicher Grund, gerade dieses Thema zu wählen.

2. Biographie

Hermann Hesse wird am 2. Juli 1877 in dem württembergischen Städtchen Calw als zweites Kind des Missionars Johannes Hesse und seiner Frau Maria, einer Missionarstochter, geboren.[3] 1891 besteht er das Landexamen in Stuttgart und besucht danach das evangelisch-theologische Klosterseminar in Maulbronn. Bereits ein Jahr später scheidet er nach einem Flucht- und Selbstmordversuch aus dem Seminar aus und verbringt mehrere Monate in einer psychiatrischen Klinik. Auf dem Gymnasium Bad Cannstatt besteht er 1893 das Einjährig-Freiwilligen Examen und probiert danach mehrere Ausbildungen aus, bis er 1903 endgültig das bürgerlich-normale Berufsleben beendet und sich als freier Schriftsteller bezeichnet. 1904 erscheint der erste Bucherfolg *Peter Camenzind*, welcher ihm bereits wirtschaftliche Unabhängigkeit verschafft, im gleichen Jahr heiratet er Maria Bernoulli und bekommt mit ihr 3 Kinder. 1905 wird die Erzählung *Unterm Rad* veröffentlicht, in der sich die Jugenderinnerungen Hermann Hesses als Schüler widerspiegeln.

Hermann Hesse führt zunächst ein bürgerliches Leben. 1911 unternimmt er eine Indienreise, deren Eindrücke er im *Siddharta* verarbeitet. Die psychische Erkrankung seiner Frau und der Tod des Vaters bringen Hesse selbst in eine innere Krise, er begibt sich für viele Jahre in psychotherapeutische Behandlung. 1919 trennt er sich von seiner Familie und zieht in die Schweiz nach Montagnola. 1924 heiratet er die Sängerin und Schauspielerin Ruth Wagner, die Ehe wird 1927 wieder geschieden. Im selben Jahr erscheint *Der Steppenwolf*. 1930 folgt der Roman *Narziß und Goldmund* und 1931 heiratet er die österreichische Kunsthistorikerin Ninon Dolbin. Nach der Machtergreifung Hitlers werden seine Bücher auf den Index der unerwünschten Literatur gesetzt und sind damit einer breiten Leserschaft entzogen. Das Haus Hermann Hesses in Montagnola wird zum Treffpunkt für deutsche Emigranten, Künstler und

---

3 Ball,Hugo: Hermann Hesse: Sein Leben und sein Werk, Suhrkamp Taschenbuch 385, Fischer Verlag AG, Berlin, 14.Auflage 2016, S.7

Intellektuelle. 1943 erscheint *Das Glasperlenspiel* in einem schweizerischen Verlag. Hermann Hesse stirbt am 9. August 1962 an den Folgen eines Schlaganfalles.

3. Zusammenfassung der Handlung

Ein fiktiver Herausgeber berichtet im Vorwort des Buches, wie er zu dem Manuskript des Steppenwolfes gelangt. In dem Haus seiner Tante hat sich ein etwa 50-jähriger Mann namens Harry Haller eingemietet, ein intellektueller, vereinsamter Sonderling ohne soziale Kontakte, der sich selbst als ein Steppenwolf bezeichnet. Nach seinem Verschwinden hinterlässt er eben dieses Steppenwolf-Manuskript.

Harry Haller schreibt seine Aufzeichnungen in der Ich-Form. Er findet sich in der verlogenen und durch Politik und Krieg zerstörten Welt nicht mehr zurecht. Eines Nachts entdeckt er beim Umherirren eine Leuchtreklame „Magisches Theater. Eintritt nicht für jedermann", später kauft er einem Händler ein Jahrmarktbüchlein mit der Aufschrift „Tractat vom Steppenwolf" ab. In diesem Tractat findet Harry Haller in einer psychologischen Studie seine eigene Persönlichkeitsproblematik niedergeschrieben. Harry Haller betrachtet sich selbst als Außenseiter mit einer menschlichen und einer wölfischen Natur, die sich wechselseitig bekämpft. Der Tractatverfasser hingegen widerspricht dieser vereinfachten Ansichtsweise. Er sieht in der Seele des Menschen eine *„aus hundert Schalen bestehende Zwiebel"*[4], eine Unzahl von Extremen und Gegensatzpaaren menschlichen Verhaltens. Haller fasst den Entschluss sich umzubringen, lernt aber vorher die Kurtisane Hermine kennen, die ihn an seinen Jugendfreund Hermann erinnert und die für ihn eine Art Spiegel darstellt. Sie versteht ihn und führt ihn in die Welt des Vergnügens und der Unterhaltung ein. Über Hermine lernt er die Prostituierte Maria kennen und den vordergründig leichtlebigen Saxofonspieler Pablo. Er taucht mit ihnen in eine für ihn neue Welt der Sinnlichkeit ein. Mit Hilfe von Drogen führt Pablo Harry Haller schließlich in sein magisches Theater. Im Rausch ersticht Harry dort scheinbar Hermine mit einem gespiegelten Messer und muss sich danach vor dem Gericht der Unsterblichen verantworten, welches den Humor als die Lösung des Existenzproblems von Harry Haller ansieht.[5]

---

[4] Hermann Hesse Der Steppenwolf Suhrkamp Verlag Frankfurt 9. Auflage 2014 S.72

[5] Maria-Felicitas Herforth: Textanalyse und Interpretation zu Hermann Hesses Der Steppenwolf, Königs Erläuterungen Band 473, Bange Verlag Hollfeld, 1. Auflage 2011, S.6/7

Das Werk *Der Steppenwolf* ist stark autobiographisch geprägt. Harry Haller, der Protagonist im *Steppenwolf* und Hermann Hesse tragen dieselben Initialen, die Namen haben dieselbe Anzahl von Silben. Hermann Hesse ist, genau wie sein Romanheld, zum Zeitpunkt der Niederschrift etwa 50 Jahre alt. Er ist streng nach alten Werte-vorstellungen erzogen worden, von Gicht geplagt und lebt von seiner Frau getrennt. Harry Haller schätzt wie Hermann Hesse Goethe und Mozart und er teilt seine politischen Ansichten.[6]

4. Historischer Kontext, Weimarer Republik und die „Goldenen Zwanziger"

Anders als im 2. Weltkrieg wurden die kriegerischen Auseinandersetzungen im 1. Weltkrieg größtenteils außerhalb des Reichsgebietes ausgetragen. Die Bürger erhielten ihre Informationen im wesentlichen durch die Presse, welche von der Regierung und der Obersten Heeresleitung propagandistisch beeinflusst war. Die tatsächliche, am Ende militärisch ausweglose Situation war den meisten Menschen bis zuletzt nicht bewusst. Der Zusammenbruch der bürgerlichen Gesellschaftsordnung des wilhelminischen Kaiserreiches kam daher für sie völlig überraschend und unvorbereitet. [7]

Nach dem Ende des 1. Weltkrieges stürzten viele Bürger in ein Chaos von Arbeitslosigkeit, Hungersnot und Perspektivlosigkeit.[8] Die unnachgiebigen Bedingungen des Versailler Friedensvertrages, der das gesamte Deutsche Volk als moralisch schuldig brandmarkte, Deutschland aus der Völkergemeinschaft ausschloss und hohe Reparationszahlung erpresste, schufen den Nährboden für militante, revisionistische und radikale Strömungen sowie für Verschwörungstheorien. Während die staatstragenden demokratischen Parteien und die politischen Vertreter der Weimarer Republik unter Androhung militärischer Gewalt den Vertrag unterzeichnen mussten, sahen große Teile der Bevölkerung jetzt genau diese Parteien und deren Vertreter als die Hauptschuldigen für den Diktatfrieden von Versailles an und forderten eine Revision der Vertragsbedingungen. „Von nationalen Parteien und der politischen Rechten [wurden die demokratischen Parteien] als Vaterlandsverräter diffamiert"[9]. Die Besetzung des Ruhrgebietes durch französische und belgische Truppen wegen nicht

---

[6] Georg Patzer: Lektürenschlüssel Hermann Hesse Der Steppenwolf, Verlag Philipp Reclam jun., Stuttgart, 2007 S. 6/7

[7] Eberhard Kolb: Die Weimarer Republik, Oldenbourg Grundriss der Geschichte, R. Oldenbourg Verlag München 2009, 7. Auflage, Band 16, S. 4

[8] Peter-Matthias Gaede (Hrsg.): Die Weimarer Republik, GEO EPOCHE, Magazin für Geschichte, Gruner und Jahr Verlagshaus, 2007 S.20/21

[9] Gerhard Henke-Bockschatz (Hrsg.), Die Weimarer Republik, Kompaktwissen Geschichte, Philipp Reclam j. Verlag, Stuttgart 2012, S. 36

geleisteter Reparationszahlungen und der nachfolgende Ruhrkampf, für dessen Finanzierung immer mehr Geld gedruckt wurde, hatte eine Hyperinflation zur Folge.

Auf Kosten der mittleren und unteren Schicht fand in Deutschland durch diese Hyperinflation eine riesige Vermögensumschichtung zugunsten der Großindustriellen statt.[10] Auch Hermann Hesse verlor sein gesamtes Vermögen. Die verarmte Bevölkerung wurde zunehmend anfälliger für extreme Ideologien jeder Art.

1923 führte Gustav Stresemann, Reichskanzler und später Außenminister, die Rentenmark ein, die das Ende der Hyperinflation bedeutete.[11] Die Beendigung der deutschen Inflation und die neue stabile Währung schufen die Voraussetzungen für eine wirtschaftliche Erholungsphase, auch wenn die Vertragsbedingungen des Versailler Vertrages damit nicht außer Kraft gesetzt waren[12].

Der Zeitraum von 1924 bis 1929 wird als die Ära der sogenannten „Goldenen Zwanziger" bezeichnet.[13] Ausländische Investoren, insbesondere die USA leiteten einen wirtschaftlichen Aufschwung ein, innenpolitisch kam es zu einer gewissen Stabilisierung, 1926 wurde Deutschland in den Völkerbund aufgenommen.

In dieser Phase fand eine kulturelle Neuorientierung der Gesellschaft statt. Der ehemals an der Spitze der Gesellschaft stehende Adel und das Offizierskorps hatten sich selbst diskreditiert, sie waren als Vorbilder ungeeignet geworden und verloren zunehmend an sozialer Achtung. Das Bürgertum, das früher seinen Lebensstil daran ausgerichtet hatte, suchte jetzt neue Vorbilder und eine neue Identität. Mit den amerikanischen Krediten wurde auch das amerikanische Lebensgefühl importiert, der Jazz, damals auch als „Negermusik" bezeichnet, der Charleston und der amerikanische „way of life". Die historischen Kulturwerte des alten Kontinents wurden in Frage gestellt und neue Strömungen wie der Expressionismus oder Surrealismus entwickelten sich.[14] Nach den entbehrungsreichen Nachkriegsjahren zeigte sich bei der Bevölkerung eine ausgeprägte Nachfrage nach Konsum, Unterhaltung und Zerstreuung. Potenziert wurde dies noch durch die neuen technischen Möglichkeiten, z.B. den Tonfilm, das Radio, oder durch die

---

[10] Peter-Matthias Gaede (Hrsg.): Die Weimarer Republik, GEO EPOCHE, Magazin für Geschichte, Gruner und Jahr Verlagshaus, 2007 S.89-99

[11] Eberhard Kolb: Die Weimarer Republik, Oldenbourg Grundriss der Geschichte, R. Oldenbourg Verlag München 2009, 7. Auflage, Band 16,   S.51-56

[12] Eberhard Kolb: Deutschland 1918-1933, Eine Geschichte der Weimarer Republik, Oldenbourg Wissenschaftsverlag München, 2010 S. 97-101

[13] Gerhard Henke-Bockschatz (Hrsg.), Die Weimarer Republik, Kompaktwissen Geschichte, Philipp Reclam j. Verlag, Stuttgart 2012,   S.46

[14] Peter-Matthias Gaede (Hrsg.): Die Weimarer Republik, GEO EPOCHE, Magazin für Geschichte, Gruner und Jahr Verlagshaus, 2007 S.118-125

zunehmende Entwicklung und Verbreitung des Automobils. Überall entstanden Theater, Kleinkunstbühnen, Bars und Nachtklubs, Berlin wurde die kulturelle Hauptstadt Europas. [15]

Während die meisten Menschen der damaligen Zeit in Konsum und Technik ihre Zukunft sahen, gab es aber auch Menschen, meist aus dem gehobenen Bildungsbürgertum, die sich fremd und nicht zugehörig empfanden zu dieser Zeit, die nur auf Konsum, gedankenlose Zerstreuung und amerikanische Massenkultur ausgerichtet war. Diese Menschen sehnten sich nach den vergangenen Epochen zurück, nach den alten Wertvorstellungen und nach autoritären politischen Strukturen. Ihnen blieb entweder die innere Emigration oder aber sie arbeiteten an der inneren Zersetzung der nicht von allen mitgetragenen Weimarer Republik. Kaum jemand registrierte in dieser Zeit, dass die ehemaligen Eliten sich mit radikalen Nationalisten zusammengetan hatten, um die Demokratie der Weimarer Republik außer Kraft zu setzen und eine autoritäre Gesellschaftsordnung zu etablieren. Nur wenige bemerkten, dass das Land auf eine neue Katastrophe zusteuerte. Diejenigen, die davor warnten, wurden überhört oder geächtet.

5. Gesellschaftskritik, Zivilisationskritik, Kritik am Bildungsbürgertum

5.1. Harry Hallers Identitätsverlust

Bereits das Vorwort des Herausgebers verdeutlicht den Identitätsverlust, den Harry Haller vor dem Hintergrund des tiefgreifenden Epochenwechsels erlebt.

„Zum wirklichen Leiden, zur Hölle wird das menschliche Leben nur da, wo zwei Zeiten, zwei Kulturen und Religionen einander überschneiden.(...)Haller gehört zu denen, die zwischen zwei Zeiten hineingeraten, die aus aller Geborgenheit und Unschuld herausgefallen sind, zu denen, deren Schicksal es ist, alle Fragwürdigkeiten des Menschenlebens gesteigert als persönliche Qual und Hölle zu erleben." [16]

Hallers Lebenshaltung und Werteverständnis ist geprägt durch seine klassische humanistischen Bildung und seine konservative Erziehung, die den bürgerlichen Idealen folgte. *„so bin ich doch der Sohn einer Mutter, und auch meine Mutter war eine*

---

[15] Peter-Matthias Gaede (Hrsg.): Die Weimarer Republik, GEO EPOCHE, Magazin für Geschichte, Gruner und Jahr Verlagshaus, 2007 S.44-53

[16] Hermann Hesse Der Steppenwolf Suhrkamp Verlag Frankfurt 9. Auflage 2014 S.30

Bürgersfrau"[17]. Er stilisiert sich selbst zum vergeistigten Einzelgänger, berauscht von *„Einsamkeit und Melancholie (...) aber voll tiefen Genießens und voll von Versen"[18],* immer auf der Suche nach der *„göttlichen Spur"[19],* seiner Lebenslinie und einem tatsächlich verwirklichten Ich-Konzept.

Der Bürger, nach Haller *„Dutzend- und Herdenmensch[...]"* stellt für ihn das untere Extrem der Individuation dar. *„Denn dies haßte, verabscheute und verfluchte ich von allem doch am innigsten; diese Zufriedenheit, diese Gesundheit, Behaglichkeit, diesen gepflegten Optimismus des Bürgers, diese fette gedeihliche Zucht des Mittelmäßigen, Normalen, Durchschnittlichen"[20]* Gegenüber Hermine offenbart sich seine Weltfremdheit und Vereinsamung, *„meine Eltern (...), sie haben mich Latein und Griechisch und all das Zeug lernen lassen. Aber tanzen lernen ließen sie mich nicht."[21]*

Harry, der zunächst selbst ein typischer Bildungsbürger war, ist jetzt angeekelt von der bürgerlichen Welt und ihrer kulturellen Tradition, die den Krieg mitverschuldet hat und in seinen Augen nicht fähig war, ihren hohen moralischen und ethischen Anspruch zu verwirklichen. Er nimmt *„Abschied von der bürgerlichen, der moralischen, der gelehrten Welt (...) als Flüchtling und Besiegter, eine Bankrotterklärung vor mir selber.."[22]*

Dennoch kann sich Harry seiner Bildung, seinen ästhetischen Vorstellungen und seiner Prägung nicht entziehen. In diesem Spannungsfeld zwischen wilhelminischer Romantik und der für ihn belanglosen Moderne sucht er eine neue kulturelle Identität. Er findet sie in seiner Haltung als einer, der zum Höheren berufen ist, der an der Welt leidet und diese Leiden bis zum Exzess auskostet. So schreibt der fiktive Herausgeber in seinem Vorwort: *„Ich erkannte, dass Haller ein Genie des Leidens sei, dass er, im Sinne mancher Ansprüche Nietzsches, in sich eine geniale, eine unbegrenzte, furchtbare Leidensfähigkeit herangebildet habe."[23]*

Es ist schließlich Hermine, die Harry den Wert des kleinen, alltäglichen Glücks wiedererkennen lässt und ihm zeigt, dass er einem Irrweg gefolgt ist und sich dem Leben entfremdet hat. *„Du, Harry, bist ein Künstler und Denker gewesen, ein Mensch voll Freude und Glauben, immer auf der Spur des Großen und Ewigen, nie mit dem Hübschen*

---

[17] Hermann Hesse Der Steppenwolf Suhrkamp Verlag Frankfurt 9. Auflage 2014 S.30

[18] Hermann Hesse Der Steppenwolf Suhrkamp Verlag Frankfurt 9. Auflage 2014 S.35

[19] Hermann Hesse Der Steppenwolf Suhrkamp Verlag Frankfurt 9. Auflage 2014 S.36

[20] Hermann Hesse Der Steppenwolf Suhrkamp Verlag Frankfurt 9. Auflage 2014 S.33

[21] Hermann Hesse Der Steppenwolf Suhrkamp Verlag Frankfurt 9. Auflage 2014 S.103

[22] Hermann Hesse Der Steppenwolf Suhrkamp Verlag Frankfurt 9. Auflage 2014 S.98

[23] Hermann Hesse Der Steppenwolf Suhrkamp Verlag Frankfurt 9. Auflage 2014 S.17

und Kleinen zufrieden. Aber je mehr das Leben dich geweckt und zu dir selber gebracht hat,(...)desto größer ist deine Not geworden, desto tiefer bist du in Leiden, Bangigkeit und Verzweiflung geraten,(...), du warst zu Taten, Leiden und Opfern bereit - und dann merktest du allmählich, dass die Welt gar keine Taten und Opfer (...)von dir verlangt, dass das Leben keine heroische Dichtung ist (...)sondern eine bürgerliche gute Stube, wo man mit Essen und Trinken (...)und Radiomusik vollkommen zufrieden ist. Und wer das andere will (...), das Heldenhafte (...), der ist ein Narr."[24]

Harry realisiert, dass seine Selbstisolation am Ende keine Lösung darstellt.

5.2 Kritik an der Gesellschaft

In Harry Hallers Manuskript und im Vorwort des Herausgebers bleibt so gut wie kein Bereich der damaligen Epoche von der Kritik verschont. Er verurteilt den ausufernden marktwirtschaftlichen Kapitalismus *„wo ja sonst auf jedem halben Quadratmeter ein Geschäft, ein Advokat, ein Erfinder, ein Arzt, ein Barbier oder ein Hühneraugenheilkünstler einem seinen Namen entgegenschrie"[25]*, die *„von Akteingesellschaften ausgesogene Erde"[26]* und die *„Macht und Ausbeutung"[27]* des Kapitals. Die Wissenschaft und deren Vertreter verachtet er als überheblich und wichtigtuerisch, *„die ganze Eitelkeit, das ganze oberflächliche Spiel einer eingebildeten, seichten Geistigkeit,(...)auf Mängel und Hoffnungslosigkeiten unserer Zeit, unserer Geistigkeit, unserer Kultur".[28]*

Die moderne, amerikanisch geprägte Massenkultur steht für Harry in diametralem Widerspruch zu seiner intellektuellen Individualität, *„in der von mir bisher so sorgfältig gemiedenen, so tief verachteten Welt der Bummler und Vergnügungsmenschen, in dieser glatten, klischierten Welt der Marmortischchen, der Jazzmusik, der Kokotten".[29]*

Er kann sich in keiner Weise identifizieren mit den Menschen, die Freude suchen *„in den überfüllten Eisenbahnen und Hotels, in den überfüllten Cafés bei schwüler aufdringlicher Musik, in den Bars und Varietés der eleganten Luxusstädte (...) in den Vorträgen für Bildungsdurstige(...) diese Massenvergnügen, diese amerikanischen".[30]*

---

[24] Hermann Hesse Der Steppenwolf Suhrkamp Verlag Frankfurt 9. Auflage 2014 S.169

[25] Hermann Hesse Der Steppenwolf Suhrkamp Verlag Frankfurt 9. Auflage 2014 S.38

[26] Hermann Hesse Der Steppenwolf Suhrkamp Verlag Frankfurt 9. Auflage 2014 S.32

[27] Hermann Hesse Der Steppenwolf Suhrkamp Verlag Frankfurt 9. Auflage 2014 S.147

[28] Hermann Hesse Der Steppenwolf Suhrkamp Verlag Frankfurt 9. Auflage 2014 S.16

[29] Hermann Hesse Der Steppenwolf Suhrkamp Verlag Frankfurt 9. Auflage 2014 S.139

[30] Hermann Hesse Der Steppenwolf Suhrkamp Verlag Frankfurt 9. Auflage 2014 S.37

Starke Ressentiments zeigt Harry Haller alias Hermann Hesse gegenüber dem technischen Fortschritt und der Technikgläubigkeit seiner Zeitgenossen. *„Und dass dies alles, ebenso wie heute die Anfänge des Radios, den Menschen nur dazu dienen werde, von sich und ihrem Ziele weg zu fliehen und sich in einem immer dichteren Netz von Zerstreuung und nutzlosem Beschäftigtsein zu umgeben."*[31]

Hesse selbst hat 1946 vor den Folgen der Technisierung und eines fehlgesteuerten Fortschritts gewarnt: *„Zwei Geisteskrankheiten nämlich sind es nach meiner Meinung, denen wir den heutigen Zustand der Menschheit verdanken: der Größenwahn der Technik und der Größenwahn des Nationalismus.(...) sie haben uns zwei Weltkriege samt ihren Folgen beschert".*[32]

So kann denn auch die Episode im Magischen Theater, die *Hochjagd auf Automobile*, als Symbol für die Vernichtungsmaschinerie des ersten Weltkrieges angesehen werden, ein groteskes Endzeitszenario, in dem sich die Maschinen verselbständigt haben und gegen die Menschen ankämpfen.

Auch Rolle der Frau in dieser Gesellschaft wird negativ dargestellt, eine Gesellschaft, die, wie Hermine sagt, den Frauen keine andere Wahl lässt *„als an einer Schreibmaschine im Dienst eines Geldverdieners ärmlich und sinnlos zu altern, oder einen solchen Geldverdiener um seines Geldes willen zu heiraten, oder aber eine Art von Dirne zu werden".*[33]

Insgesamt zieht Harry eine sehr pessimistische Bilanz seiner Kulturepoche, zu Hermine sagt er: *„Wer heute leben und seines Lebens froh werden will, der darf kein Mensch sein wie du und ich. Wer statt Gedudel Musik, statt Vergnügen Freude, statt Geld Seele (...)verlangt, für den ist diese hübsche Welt hier keine Heimat".*[34]

5.3. Kulturpessimismus

Die Fragwürdigkeit der gesamten abendländischen Kultur, in deren Geist Harry selbst aufgewachsen und erzogen wurde, sowie die letztendliche, unabwendbare Sinnlosigkeit der menschlichen Existenz reflektiert Harry auf dem Besuch eines Friedhofs. Er hatte sich vor dem Abendessen bei dem befreundeten Professor einem Trauerzug

---

[31] Hermann Hesse Der Steppenwolf Suhrkamp Verlag Frankfurt 9. Auflage 2014 S.120

[32] zitiert nach Schwarz,Egon, Hermann Hesse und die Zukunft, Arnold,Heinz Ludwig (Hrsg.) Text und Kritik 10/11: Hermann Hesse München 1983, S.17

[33] Hermann Hesse Der Steppenwolf Suhrkamp Verlag Frankfurt 9. Auflage 2014 S.170

[34] Hermann Hesse Der Steppenwolf Suhrkamp Verlag Frankfurt 9. Auflage 2014 S.171

angeschlossen, die Trauernden beobachtet, den Worten des Pfarrers zugehört und der Beisetzung eines Unbekannten beigewohnt. *„Und während ich mich einseifte, dachte ich an das dreckige Lehmloch im Friedhof, in das man heut den Unbekannten hinuntergeseilt hatte, und an die verkniffenen Gesichter der gelangweilten Mitchristen.(…)Dort endete, so schien mir, an jenem dreckigen Lehmloch, bei den dummen verlegenen Worten des Predigers,(…)nicht nur der Unbekannte,(…)nein, so endete alles, unser ganzes Streben, unsere ganze Kultur, unser Glaube, unsre ganze Lebensfreude und Lebenslust, die so sehr krank war(…).Ein Friedhof war unsere Kulturwelt, hier waren Jesus Christus und Sokrates, hier waren Mozart und Haydn, waren Dante und Goethe bloß noch erblindete Namen auf rostenden Blechtafeln.*"[35] In dieser angespannten, konfliktgeladenen Stimmung, angewidert von der Heucheleien seiner Mitmenschen, tritt Harry den Besuch beim Professor an.

5.4. Kritik am Bildungsbürgertum

Der Besuch beim Professor, für Harry Symbolfigur des Bildungsbürgertums, dem er selbst einst angehörte, markiert den Höhepunkt seiner persönlicher Krise und seine endgültige Abkehr von der gelehrten und moralischen Wertewelt seiner Zeit.

Die zentrale Kritik am Bildungsbürgertum seiner Epoche ist der Vorwurf, dass eben diese Bürger den Krieg mit zu verantworten haben, sich selbst hingegen jetzt als Opfer stilisieren, sich für völlig schuldlos halten und in Wahrheit durch ihr Verhalten schon wieder die Entstehung eines neuen Krieges begünstigen.

Harry hatte die Einladung zum Abendessen zunächst dankbar angenommen *„wie ein verhungerter Hund den Brocken Wärme*"[36]. Vom Spott seines wölfischen Wesens überzogen bereute er diese eingegangen *„Verpflichtung zu Höflichkeiten, wissenschaftlichem Geschwatze und Betrachtung fremden Familienglücks*"[37] aber sofort wieder. Er empfand seinen bevorstehenden Besuch nun als zwanghaft, weil er jetzt etwas tat, was er eigentlich nicht wollte, genau wie das, was die meisten Menschen seiner Meinung nach Tag für Tag tun. Diese Menschen handelten zwanghaft, stupide, vegetativ und mechanisch, *„und diese fortlaufende Mechanik ist es, die sie hindert, gleich*

---

[35] Hermann Hesse Der Steppenwolf Suhrkamp Verlag Frankfurt 9. Auflage 2014 S.90/91

[36] Hermann Hesse Der Steppenwolf Suhrkamp Verlag Frankfurt 9. Auflage 2014 S.89

[37] Hermann Hesse Der Steppenwolf Suhrkamp Verlag Frankfurt 9. Auflage 2014 S.90

mir, Kritik am eigenen Leben zu üben, seine Dummheit und Seichtheit, seine scheußlich
grinsende Fragwürdigkeit (...).[38]

Im Haus des Professors hat er nur Spott und Verachtung übrig für diesen Vertreter des
gehobenen Bürgertums: *„Da wohnt dieser Mann, dachte ich, und tut Jahr um Jahr seine*
Arbeit weiter, liest und kommentiert Texte (...) denn er glaubt an den Wert seines Tuns, er
glaubt an die Wissenschaft, deren Diener er ist, er glaubt an den Wert des bloßen Wissens,
des Aufspeicherns, denn er glaubt an den Fortschritt, an die Entwicklung. (...) er hält Juden
und Kommunisten für hassenswert".[39]

Der Professor symbolisiert für Harry den Inbegriff des Bildungsbürgers, der sich
einerseits auf die humanistische Tradition und den abendländischen Wertekanon beruft,
gleichzeitig aber die intellektuelle Grundlage für Krieg und Hass geliefert hat und dies
jetzt völlig ignoriert. Der Professor gibt sich durch seine Zeitungslektüre als Anhänger
einer nationalen, militaristischen Partei zu erkennen. Harry wird in dieser Zeitung als
vaterlandsloser Geselle und Schädling diffamiert, weil er Deutschland eine Mitschuld am
Ausbruch des ersten Weltkrieges gegeben hat. Der Professor hält seinen Gast zunächst
nur für einen zufälligen Namensvetter, bis Harry nach einem Eklat über ein Goethebild
seine Identität mit dem Verfasser preisgibt: *„und um wenigstens nicht als Lügner*
wegzugehen, müsse ich dem verehrten Herrn erklären, dass er mich heute recht sehr
beleidigt habe. Er habe sich jene dumme, stiernackige, eines beschäftigungslosen Offiziers,
nicht aber eines Gelehrten würdige Stellung eines reaktionären Blattes zu eigen gemacht.
Dieser Bursche und vaterlandslose Geselle Haller aber sei ich selber, und es stünde besser
um unser Land und um die Welt, wenn wenigstens die paar denkfähigen Menschen sich zu
Vernunft und Friedenslieb bekennten, statt blind und besessen auf einen neuen Krieg
loszusteuern."[40]

6. „Zwischen zwei Kriegen" – Mahnung vor dem nächsten Krieg

Das Thema Krieg zieht sich wie ein roter Faden durch den gesamten Roman.

Harry realisiert für sich, dass er nicht in einer Nachkriegszeit lebt, sondern in einer
Phase zwischen zwei Kriegen. Nachdem Hermine den Zeitungsartikel gelesen hat, in
dem Harry als Schädling und vaterlandsloser Geselle verunglimpft wird, sagt er zu ihr:

---

[38] Hermann Hesse Der Steppenwolf Suhrkamp Verlag Frankfurt 9. Auflage 2014 S.92
[39] Hermann Hesse Der Steppenwolf Suhrkamp Verlag Frankfurt 9. Auflage 2014 S.93
[40] Hermann Hesse Der Steppenwolf Suhrkamp Verlag Frankfurt 9. Auflage 2014 S.97

„Der Kaiser, die Generäle, die Großindustriellen, die Politiker, die Zeitungen – (…)niemand hat irgendeine Schuld, (…) nur liegen ein Dutzend Millionen totgeschlagener Menschen in der Erde.(…) Wenn solche Schmähartikel mich auch nicht mehr ärgern können, (…)zwei Drittel von meinen Landsleuten lesen diese Art von Zeitungen, (…), werden jeden Tag bearbeitet, ermahnt, verhetzt, unzufrieden und böse gemacht, und das Ziel und Ende von dem allen ist wieder Krieg, ist der nächste, kommende Krieg, der wohl noch scheußlicher sein wird.(…), Jeder Mensch könnte das begreifen, könnte in einer einzigen Stunde Nachdenkens dasselbe Ergebnis finden, aber keiner (…) will sich und seinen Kindern die nächste Millionenschlachterei ersparen"[41]

Obwohl Harry also viele verhängnisvolle Entwicklungen scharfsichtig voraussieht und er es oft versucht, diese Zusammenhänge seiner Mitwelt aufzuzeigen, muss er doch am Ende ohnmächtig, machtlos und resigniert die schicksalsträchtigen Abläufe mit ansehen. Diese Ohnmacht und Resignation ist ein wichtiger Bestandteil in Harrys Persönlichkeitskrise. *„Es hat mich, seit ich es weiß, gelähmt und zur Verzweiflung gebracht, es gibt für mich kein Vaterland und keine Ideale mehr, das ist alles ja bloß Dekoration für die Herren, die das nächste Schlachten vorbereiten."*[42]

Der *Steppenwolf* kann, neben vielen anderer Blickwinkeln, also durchaus auch als das Epos eines Kriegsgegners interpretiert werden, der das deutsche Volk zur Selbstkritik an dem Mitverschulden des ersten Weltkrieges aufruft und gleichzeitig, die unheilvollen Entwicklungen vorausahnend, die Menschen vor einer neuen Katastrophe warnt und sie zur Besinnung mahnt. Am Ende aber versagt die intellektuelle Klasse: *„Die Herren Generäle und Schwerindustriellen hatten ganz recht: es war nichts los mit uns >Geistigen<, wir waren eine entbehrliche, wirklichkeitsfremde, verantwortungslose Gesellschaft von geistreichen Schwätzern. Pfui Teufel! Rasiermesser!"*[43]

1943 schreibt Hesse an einen Freund *„habe ich damals den kommenden zweiten Krieg mahnend und angstvoll an die Wände gemalt, wurde aber nur freundlich ausgelacht"*[44]

---

[41] Hermann Hesse Der Steppenwolf Suhrkamp Verlag Frankfurt 9. Auflage 2014 S.134

[42] Hermann Hesse Der Steppenwolf Suhrkamp Verlag Frankfurt 9. Auflage 2014 S.135

[43] Hermann Hesse Der Steppenwolf Suhrkamp Verlag Frankfurt 9. Auflage 2014 S.154

[44] Volker Michels (Hrsg.): Materialien zu Hermann Hesses Der Steppenwolf, Suhrkamp Taschenbuch 53, Suhrkamp Verlag   Frankfurt, 1972, 3. Auflage 1975, S. 152

7. Fazit und abschließende Betrachtung

Der Roman behandelt in erster Linie den Individualkonflikt Harry Hallers in einer Zeit des gesellschaftlichen Umbruchs, der unter vielen Aspekten interpretiert werden kann.

Hermann Hesse kritisiert in seinen Roman den Verfall des humanistischen Bildungsideals, den Raubkapitalismus, die Vergnügungssucht, die Massenkultur, die Kriegshetze, die zunehmende Technisierung und die Engstirnigkeit und das Versagen des Bildungsbürgertums. Diese Kritikpunkte werden häufig wiederholt, aber nicht weiter begründet. Bei Esselborn-Krumbiegel heißt es hierzu: *„So wenig konkret(...)Harrys Ablehnung der modernen Zivilisation erscheint, so vage bleiben andererseits auch die Konturen jener Gegenwelt, die dem Steppenwolf geistige Heimat und Maßstab seiner Kritik ist".*[45] Es wird im Roman nicht geklärt, wie Harry Haller zu seinem Urteil kommt und auf welcher Weltanschauung diese Einschätzung begründet ist. Er benennt auch keine Alternative für seine auf der bürgerlichen Konvention und humanistischen Bildung begründeten Wertvorstellung.

Unter Bezugnahme auf mein Thema kommt für Hermann Hesse dem Bildungsbürgertum eine besondere Verantwortung zu. Im Tractat bezeichnet er den Durchschnittsmenschen als *„Dutzend- und Herdenmenschen"*[46], eine Formulierung, die durchaus auch negativ gedeutet werden kann. Der Großteil der Durchschnittsbürger ist demnach leicht zu beeinflussen, leicht zu manipulieren. *„Der Bürger ist deshalb von seinem Wesen nach ein Geschöpf von schwachem Lebensantrieb, ängstlich, jede Preisgabe seiner selbst fürchtend, leicht zu regieren. Er hat darum an die Stelle der Macht die Majorität gesetzt, an Stelle der Gewalt das Gesetz, an Stelle der Verantwortung das Abstimmungsverfahren."*[47]

Verantwortungslose Politiker und Medien steuern die Meinungsbildung und bringen die Menschen dazu, unreflektiert in ihre Vorstellungen einzuwilligen. Diejenigen Bürger, die politische Weitsicht besitzen, werden diskreditiert und überstimmt, so wie es dem Publizisten Harry Haller ergangen ist. Genau diese Menschen müssen sich nach Hesses Ansicht dagegen zur Wehr setzen und sich entsprechend Gehör verschaffen.

---

[45] Esselborn-Krumbiegel, Helga: Hermann Hesse. Der Steppenwolf, München 1998, S.60
[46] Hermann Hesse Der Steppenwolf Suhrkamp Verlag Frankfurt 9. Auflage 2014 S.58
[47] Hermann Hesse Der Steppenwolf Suhrkamp Verlag Frankfurt 9. Auflage 2014 S.64

Dies unterlassen zu haben und den intellektuellen Boden für den Krieg bereitet zu haben, stellt sich für mich als die zentrale Kritik Hermann Hesses am Bildungsbürgertum seiner Zeit dar.

In der historischen Rückschau ist es bemerkenswert, mit welcher Klarheit Harry Haller alias Hermann Hesse die Entstehung des nächsten Weltkrieges voraussagt.

Viele Kritikpunke von Harry Haller sind zeitlos und übertragbar, die Mechanismen sind gleich oder zumindest ähnlich. Auch heute gibt es Massenphänomene und zunehmende Ablenkung durch technischen Fortschritt. War es bei Hesse das Radio, so könnte man heute die Computer-Technologie benennen, war es früher die Presse, so bietet heute das Internet unendliche Möglichkeiten kollektiver Ablenkung, Zerstreuung, fremd gesteuerter Meinungsbildung und Manipulation. Die weltpolitische Gesamtsituation verändert sich zum negativen, nationalistisch orientierte Gruppierungen werden in fast allen europäischen Ländern stärker. Ihre Parolen ähneln denen der Vergangenheit.

Unter Berücksichtigung des Themas lautet mein persönliches Fazit aus dem Steppenwolf für die Gegenwart, dass die Menschen unserer heutigen Zeit sich geschichtliche Erfahrungen, politischen Abläufe und Zusammenhänge vergegenwärtigen müssen. Sie müssen sich selbst über die Dinge informieren, um sich eine eigene Meinungen bilden zu können. Dies ist eine Grundvoraussetzung dafür, Manipulationsversuchen widerstehen zu können. Die Bevölkerung sollte kritisch gegenüber der Politik und den Medien sein und vehement dagegen ankämpfen, dass sich verhängnisvolle Entwicklungen wie in den Zwanziger Jahren wiederholen.

8. Literaturverzeichnis

Referenzausgabe:

Hesse,Hermann Der Steppenwolf Suhrkamp Verlag Frankfurt 9. Auflage 2014

Ball,Hugo: Hermann Hesse: Sein Leben und sein Werk, Suhrkamp Taschenbuch 385 Fischer Verlag AG, Berlin, 14.Auflage 2016

Esselborn-Krumbiegel, Helga: Hermann Hesse. Der Steppenwolf, München 1998

Gaede, Peter-Matthias (Hrsg.): Die Weimarer Republik, GEO EPOCHE, Magazin für Geschichte, Gruner und Jahr Verlagshaus, 2007

Gall, Lothar (Hrsg.): Die Weimarer Republik, Politik und Gesellschaft, Enzyklopädie Deutscher Geschichte, Band 58, R. Oldenbourg Verlag München 2008, 2. Auflage

Henke-Bockschatz, Gerhard (Hrsg.), Die Weimarer Republik, Kompaktwissen Geschichte, Philipp Reclam j. Verlag, Stuttgart 2012

Herforth, Maria-Felicitas: Textanalyse und Interpretation zu Hermann Hesses Der Steppenwolf, Königs Erläuterungen Band 473, Bange Verlag Hollfeld, 1. Auflage 2011

Kolb, Eberhard: Die Weimarer Republik, Oldenbourg Grundriss der Geschichte, R. Oldenbourg Verlag München 2009, 7. Auflage, Band 16

Michels, Volker (Hrsg.): Materialien zu Hermann Hesses Der Steppenwolf, Suhrkamp Taschenbuch 53, Suhrkamp Verlag Frankfurt, 1972, 3. Auflage 1975

Patzer, Georg: Lektürenschlüssel Hermann Hesse Der Steppenwolf, Verlag Philipp Reclam jun., Stuttgart, 2007
Schwarz, Egon: Hermann Hesse und die Zukunft, Arnold, Heinz Ludwig (Hrsg.) Text und Kritik 10/11: Hermann Hesse München 1983, S.17